लहरें: लड़कियों के जीवन की कविताएँ

करुण कुंडलीवाल

Made with ❤ on the Notion Press Platform
www.notionpress.com

क्रम-सूची

प्रस्तावना — v

पावती (स्वीकृति) — vii

1. सरस्वती — 1

2. दिल दर्पण — 3

3. सजदों में मिलना — 7

4. स्त्री — 8

5. ज़ज़्बात — 9

6. सुंदर चित्र — 11

7. साथ चलना — 12

8. आँखों — 13

9. सुंदरता — 14

10. तो क्या होता — 15

11. इश्क़-ए-बेवफ़ा — 17

12. ठहराव — 18

13. अनजान सफर — 19

14. पानी बन जाना — 21

15. साथी — 22

16. अनकहे अल्फाज — 24

17. गुलाब का एहसास — 26

18. सपने — 27

19. नसीब — 28

20. बरसात — 29

क्रम-सूची

21. दिल-ए-बहार — 30

22. कसमें — 31

23. दिल की भाषा — 32

24. पानी से बनी हूँ — 34

25. क्यों तुम — 35

26. बिछड़े साथी — 36

27. हसीन पल — 37

28. चाहना — 39

29. पहरों — 40

30. हुनर-ए-तोहफा — 41

31. तुम, मेरी यादों की बूंदें — 42

32. प्रेम रंग — 44

33. देर — 46

34. मलाल-ए-ज़िंदगी — 47

35. रंग — 48

36. हालात — 49

37. घर — 50

38. अधूरा — 51

39. मेट्रो — 52

40. यात्रा — 54

41. पहचानो — 55

42. छल — 56

प्रस्तावना

नमस्ते!

यह "लहरें: लड़कियों के जीवन की कविताएँ" नामक संग्रह आपके सामने है। इसमें हमने लड़कियों के जीवन के अनगिनत पहलुओं को कविताओं के माध्यम से उजागर किया है।

आइए, इस सफ़र में साथ चलें और उनकी दुनिया को समझें, समर्थन करें और प्रेरणा लें।

धन्यवाद।

पावती (स्वीकृति)

माँ, पिता, भाई-बहन, और प्रिय व्यक्ति के लिए:

आपके प्यार और समर्थन का हम हृदय से आभारी हैं।
आपका साथ ही हमारे जीवन की मधुरता का रहस्य
है।
आपकी आशीर्वाद हमारे लिए सबसे बड़ी संपत्ति है,
जो हमें सफलता की ऊँचाइयों तक पहुँचाते हैं।

आपका प्यार हमें हमेशा प्रेरित करता है,
और हम आपके बिना किसी भी मुश्किल को सामना
नहीं कर सकते।
आपके साथ ही हमारी हर कठिनाई आसान होती है,
और हम आपके आशीर्वाद के साथ आगे बढ़ते जाते हैं।

धन्यवाद।

1. सरस्वती

हे माँ भारती, तुम्हें प्रणाम।
हमारे जीवन में आके, जीवन को दो सवांर,
रूप उजागर कर हमारा, रूप दो निखार।

अज्ञानी को इल्म कहाँ,
जो करे, खुद पर बड़ा घमंड,
जो समझे, खुद को महान,
उसके जीवन में भी आए सरस्वती,
उसकी मति को दे सवांर।

हमारे जीवन में दो उजियारा,
सबको दो समृद्धि प्रदान,
अपने विवेक पर न हो किसी को अति अहंकार,
ऐसे कौशल मिले सबको, ऐसा मिले आत्मज्ञान।

जब होने लगे इंसान को अपनी मेधा पर अति अभिमान,
कोई आए बन के सरस्वती और दे दे उसे संपूर्ण ज्ञान।

"हे माँ सरस्वती"

2. दिल दर्पण

दिल दर्पण में श्याम समाए,
कान्हा से वो प्रेम जताए,
राधा राधा मन को भाए।

बिन बोले सब कुछ कह जाए,
फिर मन ही मन मुस्काए।

नैनों से वो बाण चलाए,
चंचल मन से बातें करे।
दिन को जैसे रात करे,
प्रेम से अपनी बात कहे।
ऐसी मीठी वाणी बोले,
जैसे शब्दों की सुंदर माला बन जाए।

जब-जब कृष्णा मुरली बजाए,
राधा भी मनमोहक सी महक जाए।
कान्हा, कान्हा कहती राधा,
राधा को श्याम रंग ही भाए।

दिल में बसे है कान्हा कान्हा,
चाहती है राधा सा प्रेम निभाना।
मुरली सुन सब कुछ त्यागे है,
जैसे सब कुछ राधे राधे है।
सबके मन को भाए है,
ऐसा रूप सजाए है,
राधा सा दर्पण है जिसका,
उसको कौन सताए है।

नटखट है एक मुरली वाला,
अपनी बातों में उलझाए है।
गोपियों के दुलारे है,
ऐसे मोहन प्यारे है,
नदी किनारे मोहन प्यारे,
राधा राधा नाम पुकारे।

राधा संग प्रीत लगाए है,
राधा बिन सब अधूरा सा, नज़र आए है,
राधा के मन को भी कान्हा ही पसंद आए है।
कान्हा को भी, राधा राधा ही नज़र आए है,
राधा भी कान्हा को देख, मंद मंद ही मुस्काए है।

करुण कुंडलीवाल

दिल दर्पण में राधा समाए,
राधा से वो प्रेम जताए।

लहरें: लड़कियों के जीवन की कविताएँ

3. सजदों में मिलना

दुनियाभर की उलझनों में खोकर,
तुम मुझे सजदों में मिल जाना।
धूप में तपते सफ़र की राहों में,
तुम मुझे चाहत बनकर मिल जाना।

रात के अंधेरों में खो जाएंगे,
तुम्हें ढूंढ़ते-ढूंढ़ते,
तुम पर फ़िदा हो जाएंगे।
सफर के हर मोड़ पर,
हर मुश्किल में,
तुम्हारा साथ होगा,
तुम्हें भी प्यार का एहसास होगा।

जिस दिन मिल जाएंगे हम,
सब तकदीरों के बावजूद,
तब संसार के सारे सुखों का एहसास होगा।
तुम मेरे साथ हो,
तुम ही मेरी हर साँस हो,
तुम मेरा सहारा, मेरी मंजिल,
मेरे लिए तुम खास हो।

4. स्त्री

जैसे जल सा पवित्र होना,
एक स्त्री का, स्त्री होना।
सागर सा विशाल दिल होना,
उनकी आवाज़ का बारिश की बूंदों सा मीठा होना।

किसी के जीवन का संगीत,
प्रेम की कहानी की प्रेरणा होना।
उनके हृदय का जल सा मिलनसार होना,
उनकी प्यारी बातों का सागर सा अनंत होना।
और भावनाओं का ओलों सा अनोखा होना।

उनका खिलखिलाकर हंसना,
जैसे सागर में बह रही छोटी-छोटी लहरों का होना।
उनका प्यार, सागर की गहराई में छुपे अनमोल रत्न सा,
सागर में तैरना, जैसे उनके प्यार के काबिल होना।

जैसे जल सा पवित्र होना, एक स्त्री का, स्त्री होना।
उनकी कोमलता, उनकी चंचलता, उनकी शक्ति, उनकी
शान होना।

5. ज़ज़्बात

जो आँखों में देख कर, हालात समझ ले,
जो बिना कहे, मेरे अल्फाज़ समझ ले,
ऐ खुदा, ऐसा बंदा बना उसे,
जो मुझसे दूर रहकर भी, मेरे जज़्बात समझ ले।

मुझे ख़ुशी मिलती है, उसे देख कर,
वो भी समझे मुझे या मुझे ख़ुशी का एहसास समझ ले।
उसकी चुप्पी मेरे दिल को बहुत सताती है,
उसकी मुस्कान मेरे जीने की एक नई वजह बन जाती है।

उसके बिना सब कुछ अधूरा सा लगता है,
हर मुलाकात जीवन का एक नया सफर बन जाती है।
उसके साथ हर पल बिताना, अच्छा सा लगता है,
उसकी मोहब्बत मेरे जीने का, एक मकसद बन जाती है।

तुम मेरी ज़िंदगी की रौशनी बन गए हो,
तुम्हारी हंसी मेरे दिल की धड़कनों को बढ़ाती है।

जो आँखों में देख कर, हालात समझ ले,
जो बिना कहे, मेरे अल्फाज़ समझ ले,
ऐ खुदा, ऐसा बंदा बना उसे,
जो मुझसे दूर रहकर भी, मेरे जज़्बात समझ ले।

6. सुंदर चित्र

जब तुम बयां न कर पाओ शब्दों में मुझे,
तब तुम मेरा सुंदर चित्र बना देना।
चाँद की किरणों से सजा कर चित्र मेरा,
मेरे चेहरे को तुम चाँदनी के नूर से भर देना।
जब शब्द भी कम पड़ जाएँ, दिल का हाल न कह पाओ,
तब तुम अपनी धड़कनों को मेरे नाम से सजा देना।

जब हो गहरी चुप्पी की रातें,
मेरी आँखों को नए ख्वाबों से सजा देना।

इंद्रधनुष के रंगों सा,
मेरे जीवन को रंगों से भर देना।
अगर रंगों से बना न पाए मेरी छवि,
तो अपने दिल में मुझे ऐसे बसा लेना।
अगर बना न पाओ चित्र मेरा,
तब तुम मीठे अल्फाज़ों में इसे बयान कर देना।

7. साथ चलना

तुम साथ चलना चाहो, तो सफर लंबा चुनना,
चुनना पड़े किसी को, तो मुझे चुनना।
हकीकत और ख्वाब, दोनों दुनिया में मुझे चुनना,
दिल और दिमाग से, हर बार मुझे दिल से चुनना।

सभी सवालों के जवाब में मुझे चुनना,
हर कशमकश, हर दुविधा के पल में,
बिना सोचे-समझे तुम मुझे चुनना।

अगर कभी कोई मुश्किल आए और सपने बिखर जाएं,
तो उन बिखरे सपनों में भी तुम मुझे ही चुनना।
दुनिया की उलझनों में जब घिरे हो तुम,
तब तुम मुझे अपना सुकून चुनना।

सफर के हर मोड़ पर तुम,
हमसफर के रूप में मेरा नाम चुनना।
तुम अगर साथ चलना चाहो, तो कोई सफर लंबा चुनना,
चुनना पड़े किसी को, तो मुझे चुनना।

8. आँखों

जज़्बात झलक उठते हैं आँखों में,
तुम आँखों को पढ़ना तो सीखो।
दिल का हाल बता देती हैं आँखें,
तुम आँखों से सवाल करना तो सीखो।

हर नज़र में छिपी है एक दास्तान,
हर बात में है खुशियों की अजीब ज़िद।
आँखों में बसी है वो मोहब्बत की गहराई,
जो लफ्ज़ों में कभी बयां न हो पाई।

इनमें छिपी है दिल की अधूरी कहानी,
जो शायद तुम्हारे दिल तक न पहुँच पाई।
हर एक झलक में हैं जज़्बातों के रंग,
तुम इन रंगों को समझना तो सीखो।

आँखें कहती हैं जो दिल से हर बात,
तुम इन आँखों को पढ़ना तो सीखो।

9. सुंदरता

सुंदरता की परिभाषा हो तुम,
ईश्वर की लिखी खूबसूरत कविता हो तुम।

प्रकृति का सौंदर्य हो तुम,
तुम्हारे चेहरे की चमक से चाँद भी
इतना जला, कि सुबह तक सूरज हो गया।

तुम्हारी मुस्कान में बसा है खुशियों का सागर,
तुम्हारी आँखों में छुपा है राहत का अहसास।
सुबह की किरनें भी तुम्हें प्यार करें,
तुम्हारे बिना यह सृष्टि अधूरी सी लगे।

तुम्हारी खुशबू में प्यार की महक समाई है,
सुंदरता की परिभाषा हो तुम,
जीवन की सुंदर कल्पना हो तुम,
सच्ची मोहब्बत का अद्भुत अहसास हो तुम।

10. तो क्या होता

मिलने की वजह होती,
तो क्या होता,
बिछड़ने पर ग़म न होता,
तो क्या होता।

साथ चलने पर हाथों में हाथ न होता,
तो क्या होता,
तुम्हें देखने पर आँखों में प्यार न होता,
तो क्या होता।

प्यार की मिठास से जुदा ये संसार न होता,
तो क्या होता,
एक दूजे के बिना जीना मुश्किल न होता,
तो क्या होता।

चाहत की गहराईयों में छुपा ये जीवन का सफर न होता,
तो क्या होता,
दर्द की गहराईयों में खोकर रोके संभाल जाना न होता,
तो क्या होता।

❧❧❧

ये जीवन का सफर अनमोल अनुभवों से भरा न होता,
तो क्या होता,
हर ग़म के पीछे एक सबक, एक सीख न होती,
तो क्या होता।

❧❧❧

ज़िन्दगी की हर मुश्किल, हर दर्द सिखाता है हमें,
प्यार पर विश्वास न होता,
तो क्या होता।

❧❧❧

मिलने की वजह होती तो दुनिया कितनी सुहानी होती,
बिछड़ने पर ग़म न होता,
तो ये जीवन कितना सुंदर होता।

11. इश्क़-ए-बेवफ़ा

क्यों न तुम "इश्क़-ए-बेवफ़ा" हो जाओ,
साथ रहकर भी किसी के, उससे जुदा हो जाओ।
ख़्यालों में आऊँगी वफ़ा बनकर,
तुम ख़्यालों में मेरे हो जाओ।

दिल के ज़ख्मों को भरकर तुम,
उस इंसान से अनजान हो जाओ।
खुशियों की राहों में भी मिलते रहेंगे हम,
दर्द की आँधियों में भी साथ चलेंगे हम।

तुम मेरे हो या न हो पाओ, ये बात अलग रहेगी,
मेरी आँखों में तुम मेरे हो, ये बात सच रहेगी।
रब ने चाहा तो तुम मेरे हो जाओगे,
सेहरा सजाकर मेरे घर आओगे।

ज़िंदगी भर का साथ रहेगा,
खुशियों से घर सजता रहेगा।
सात जन्मों का वादा रहेगा,
हर जन्म में साथ तुम्हारा रहेगा।

12. ठहराव

भाग-दौड़ भरी जिंदगी में,
तुम ठहराव बनकर आना।
जो सपने सजा न सकूँ,
ऐसा कोई सपना मत दिखाना।

आना-जाना फिर से आ जाना,
ऐसा कोई खेल मत सिखाना।
मीठे-मीठे पलों में जिंदगी,
ग़मों में तुम मेरी खुशियाँ बनकर आना।

धूप में जब मैं थक जाऊं,
तुम चाँदनी के रूप में आना।
तुम्हारी मुस्कान के सहारे,
मेरे जीवन में ठहराव लाना।

जो मैं कह न सकूँ,
तुम ऐसे अल्फाज़ बनकर आना।
भले ही देर से आना,
लेकिन मेरे जीवन में इक नया सवेरा लाना।

13. अनजान सफर

उम्मीदों के बाजार में,
मेरा ही सिक्का नहीं चलता।
निहारती हूँ तुमको,
तराशती हूँ खुदको।
सोचती हूँ तुमको,
तलाशती हूँ खुदको।
मैं आस लगाकर बैठी हूँ,
लेकिन तुम जैसा कोई नहीं दिखता।

तुम्हें न चाहने की वजह नहीं मिलती,
मैं लाख समझाती हूँ खुदको।
तुम्हें भूल जाने की वजह नहीं मिलती,
तुम फितूर बनकर जो चढ़ते जा रहे हो।

मांग तो लूँ तुम्हें दुआओं में,
तुम्हें महफूज रखने की जगह नहीं मिलती।
मिल भी गई जगह दिल के किसी कोने में,
फिर भी तुम पर हक़ जताने की वजह नहीं मिलती।

उम्मीदों के बाजार में,
मेरा ही सिक्का नहीं चलता।
निहारती हूँ तुमको,
तराशती हूँ खुदको।
सोचती हूँ तुमको,
तलाशती हूँ खुदको।
मैं आस लगाकर बैठी हूँ,
लेकिन तुम जैसा कोई नहीं दिखता।

14. पानी बन जाना

मेरी आदत है पानी बन जाना,
जैसे मिले रस्ते, उन रास्तों में ढल जाना।
फिर चाहे वो हो नदियों सा गहरा या,
सूखे तालाब सा बंजर,
मेरी आदत है पानी बन जाना।

रेत की मिट्टी को चीरती हुई चलती हूँ,
हर एक लहर को अपने अंदर समाती हूँ।
बारिश की बूँदों की खुशबू सी,
खुद को बहारों में खोना चाहती हूँ।

हर कण में खुद को समाकर,
नयी राहों की तलाश में निकल जाती हूँ।

हर कोई कहता है कि मैं पानी हूँ,
उसका मतलब मैं समझाती हूँ।
मेरे सभी सपने मुझे बुला रहे हैं,
और मैं हर बार, पानी की तरह बह जाती हूँ।

15. साथी

आ जाओ कभी,
चेहरे की हँसी बनकर,
दूर कर दो ये नमी,
आँखों की खुशी बनकर।

साथ में बैठो तुम कभी,
ज़िन्दगी बनकर,
ये रास्ते लम्बे सही,
तुम चलो संग हमसफ़र बनकर।

दिल में बसा लो हमें उम्र भर के लिए,
साथ तुम्हारा हर दर्द को कर दे फीका।
हर खुशी में तुम्हारी मुस्कान का जादू हो,
हर ग़म में हमें तुम्हारा दीदार हो।

साथ हो तुम्हारा,
तो हर मुश्किल लगे आसान,
तुम्हारे संग हो ज़िन्दगी,
जन्नत समान।

आ जाओ कभी,
चेहरे की हँसी बनकर,
तुमसे मिलकर हमें,
हर ख़ुशी हो जाए।

16. अनकहे अल्फाज

कुछ दर्द, कुछ जज़्बात,
क्या कभी समझने चाहे हैं?
एक औरत के अनकहे अल्फाज।

उसकी आँखों में छुपा दर्द,
उसकी हँसी में दबा ग़म,
उसके जज़्बात,
कभी उभरते,
कभी डूब जाते हैं,
जैसे समंदर की लहरों से सीखा है।

उसकी आवाज़,
एक किताब के पन्नों सी,
हर अक्षर में एक कहानी,
जो समझनी थी।
कुछ अनकहे अल्फाज,
जो उसके जीवन का संगीत हैं,
वे छूते हैं हर दिल को,
लेकिन कभी कहे नहीं गए।

उसके दिल की गहराई में,
एक खोया सा सपना है,
जो दिन भर रुलाता,
रातों को जगाता है।
ज़िंदगी के राज़ छिपे हैं,
उसकी मुस्कान के पीछे,
समझ पाना मुश्किल है,
उसकी खामोशी की भाषा।

उसकी चुप्पी की गहराई में है,
उसकी ज़िन्दगी का ग़म,
वो खामोशी जो चीख बनकर भी सुनाई नहीं देती।

उसकी आँखों में बसी है उम्मीद की चमक,
पर दिल में छिपा है एक गहरा सच,
जो हर रोज़ उसे टूटने से बचाता है,
मगर उसे कभी भी पूरी तरह से जोड़ नहीं पाता।

17. गुलाब का एहसास

गुलाब सी पंखुड़ियों सा, प्यार दिखाकर,
वो गुलाब के कांटों सा, दर्द दे गया।

उसकी हंसी की मिठास, अब दर्द की गहराई है,
गुलाब की खुशबू भी, अब जख्मों की परछाई है।

प्यार की बातें करके, वो जैसे खो गया,
मुझे बीच राहों में छोड़कर, वो किसी और का हो गया।

उसने मुझे सिखाया, कि प्यार भी अक्सर सिखाता है,
अधूरा सफर, और भी दर्द दे जाता है।

गुलाब की तरह, दिल को सजाकर,
फिर वो गुलाब के कांटों सा, दर्द दे गया।

गुलाब सी पंखुड़ियों सा, प्यार दिखाकर,
वो गुलाब के कांटों सा, दर्द दे गया।

18. सपने

ज़िन्दगी में कुछ सपने टूटकर बिखर गए,
कुछ बिखर कर टूट गए।
जो नहीं तोड़ सकी ज़िन्दगी,
वो मेरे सपनों को पाने का हौसला है।

हर टूटा सपना एक सीख दे गया,
हर बिखरता सपना नाकामी का रंग दिखा गया।
संघर्ष से मिलती है सच्ची सफलता,
सफलता में ही छुपा है ज़िन्दगी का सुन्दर सफर।

टूटे हुए सपनों को जो फिर से सजाता है,
वही हौसला हर मुश्किल को आसान बना जाता है।
ज़िन्दगी में कुछ सपने टूटकर बिखर गए,
कुछ बिखर कर टूट गए।

जो नहीं तोड़ सकी ज़िन्दगी,
वो मेरे सपनों को पाने का हौसला है।

19. नसीब

लिखा नसीब करमों के क़लम से,
पता चला जो नहीं था मेरा,
वह सब नसीब के भ्रम थे।

अच्छे कर्म से अदा होगी बरकत,
ये सुना था बचपन में किसी महान के वर्णन में।
चेतना से चिंतन खत्म हो गया,
जो नहीं था मेरा,
वो सब मेरा हो गया।

समझ आया नसीब का दोष नहीं होता,
अच्छे कर्मों से अच्छा कोई दोस्त नहीं होता।
अच्छे कर्मों ने अपनी दोस्ती निभाई,
मैंने नई दिशा पाकर,
अपने सभी दुखों से मुक्ति पाई।

20. बरसात

बारिश की वजह, सबने पूछी,
पर किसी ने नहीं देखा,
उसकी आँखों की बरसात को,
उसकी नम भरी आँखों को।

हर कोई जानना चाहता है,
बारिश का रहस्य।
लेकिन किसी ने नहीं देखा,
उसकी आँखों के आँसू को।

उसकी आँखों का हाल, किसी ने नहीं पूछा,
उसकी जिंदगी में, छाई घनघोर बादल की पीड़ा।
बारिश की वजह, सबके होंठों पर,
लेकिन उसकी दर्द भरी आँखों का दुख, किसी ने नहीं पूछा।

सच्चाई की बारिश में, वह खुद को भिगो लेती है,
और अपनी आँखों के साथ, अपना दर्द छुपा लेती है।
जैसे बारिश की हर बूँद की अपनी कहानी है,
उसकी आँखों में छुपा हर आँसू, उसके दर्द की निशानी है।

21. दिल-ए-बहार

दिल-ए-बहार, बहार-ए-दिल।
अब लगता ही नहीं तुम्हारे बिन,
बेचैन रातों में, तारों की चादर तले,
करवट बदलती हूँ, सोच कर तुम्हें।

तेरी यादों के साथ रातें गुजरती हैं,
चाँदनी की किरणें तेरी मुस्कान से झलकती हैं।
मेरे दिल में बसी उम्मीदें तेरी आँखों में छुपी हैं,
तेरे ख्वाबों में खो जाती हूँ, खुद को तेरी यादों में पाती हूँ।

जब तू दूर होता है, मैं उदास हो जाती हूँ,
तेरी यादों के सहारे अपने दिल को बहलाती हूँ।

दिल-ए-बहार, बहार-ए-दिल।
अब लगता ही नहीं तुम्हारे बिन,
बेचैन रातों में, तारों की चादर तले,
करवट बदलती हूँ, सोच कर तुम्हें।

22. कसमें

फूलों के साथ वो प्यार दिखाते हैं,
उनकी खुशबू से जीवन को सजाते हैं।
कसमें, वादे अब, छोटी बातें लगती हैं,
गुलाब दिए लोगों के दिल भी तोड़ दिए जाते हैं।

जब से देखा है, मुरझा जाने पर तो,
गुलाब से भी मुंह मोड़ लिए जाते हैं।
वादों की मीठी गंध से आशिक़ बहलाते हैं,
पर जब तोड़ते हैं वादा, दिल को बहुत रुलाते हैं।

कभी-कभी तो मुरझा जाते हैं ये गुलाब,
जैसे किसी के दिल की अधूरी कहानी बताते हैं।
गुलाब की खुशबू अब तक यादों में समाई है,
पर उसकी मुरझा गई तस्वीर में, मेरी हसरत छुपाई है।

23. दिल की भाषा

दिल की बात नहीं समझता,
वो नादान सा लड़का,
मेरे दिल के जज़्बात नहीं समझता।
समझ लेता है बिन कहे मेरे सभी इशारे,
बस कही गई बात नहीं समझता।

कुछ बातें कहती हूँ,
मैं लफ्जों से, कुछ कहती हूँ नज़रों से,
लबों से जो हंस कर कहती हूँ,
वो खामोशियों में छिपे,
जज़्बात नहीं समझता।

दिल के जज़्बातों की भाषा अजीब है,
इसे समझना मुश्किल,
ये एक उम्मीद है।
इस मासूम दिल की है,
एक छोटी सी ख्वाहिश,
वो समझे बिना कहे मेरी,
हर एक फरमाइश।

हर बात को समझाने की जरूरत न पड़े,
वो बिन कहे मेरी,
खामोशी को पढ़ ले।
रातों में ख्वाबों में मिलता है मुझे,
फिर भी सुबह का वो इंतजार नहीं समझता।
वो नादान सा लड़का,
मेरे दिल की बात नहीं समझता।

24. पानी से बनी हूँ

पानी से बनी हूँ, पानी सी रहती हूँ,
कभी शांत, कभी लहरों सी बहती हूँ।
कभी बारिश सा प्यार बरसाती हूँ,
कभी किसी के लिए बाढ़ बन जाती हूँ।

कभी समुंदर की गहराइयों सी, शांत रहकर,
सभी बातों को, अपने मन में समाती हूँ।
कभी लहरों सी,
मधुर मुस्कान लेकर सुनहरे सपने सजाती हूँ।
कभी बारिश की बूंदों सी,
किसी के जीवन में हरियाली लाती हूँ,
हरियाली लाकर उसके जीवन को सुंदर बनाती हूँ।

कभी ममता की झील सी, ठहर जाती हूँ,
कभी झरने की सरसराहट सी, सुनाई देती हूँ।
कभी बारिश की बूंदों में, जुगनू सी चमक लाती हूँ,
कभी बादलों की छाँव में, सुकून सी बिखर जाती हूँ।

पानी से बनी हूँ, पानी सी नज़र आती हूँ।

25. क्यों तुम

क्यों तुम, रोज सपने सजाते हो,
क्यों तुम, रोज मुझे देखने आते हो।
क्यों तुम, रोज मुझसे यूँ आँखें चुराते हो,
क्यों तुम, रोज कुछ कहते कहते रह जाते हो।

क्यों तुम, जाँचते हो तुम मेरी आँखों में,
क्यों तुम, सजते हो तुम मेरी बातों में।
क्यों तुम, लगते हो तुम सबसे ख़ास,
क्यों तुम, करते हो बातें रातों में।

क्यों तुम, प्यार से कह नहीं पाते हो,
क्यों तुम, दिल में मुझे बसाते हो।
क्यों तुम, हर बात याद रखते हो,
क्यों तुम, मुझे भुला नहीं पाते हो।

क्यों तुम, मुझे खोने से डरते हो,
क्यों तुम, इतने बेचैन फिरते हो।
क्यों तुम, मुझे सच नहीं बता देते,
क्यों तुम, मुझे अपना नहीं बना लेते।

26. बिछड़े साथी

बिछड़ के हुआ साल तो अब मलाल क्या करें,
दिन हो या रात अब उसका ख्याल क्या करें।

जो छोड़कर चला गया हमको दूर,
उसके लौट कर आने का अब सवाल क्या करें।

फ़रियाद करें या दुआ करें,
अब तेरे लिए किसी से लड़ा करें।

तेरी यादों में खोकर, हर घड़ी गुज़ारें,
तेरे बिना ये दिल, अब और ना तरसे करें।

ये सोच के फिर तेरे लिए दुआ करें,
तू मिले फिर से, तुझसे फिर से लड़ा करें।

27. हसीन पल

कोई दिन और रात को श्याम बना दे,
वो हसीन पल,
मुझे फिर से याद दिला दे।
उन रास्तों का पता,
मुझे फिर से बता दे,
वो सुंदर यादें,
कोई फिर से सजा दे।
छूट गई है जो खुशबू,
वो फिर से महका दे,
गुमसुम अधरों को,
मुस्कान से सजा दे।

जिंदगी का सफर,
वहीं से शुरू करा दे,
जो अधूरी रह गई थी कहानी,
उसे पूरा करा दे।
सवेरे के संग अब,
उजाला करा दे,
जीवन की राहों में,
मेरा साथ फिर से निभा दे।

वो खोई हुई चाहत,
कोई फिर से जगा दे,
भटकी हुई राहों को,
दिशा दिखा दे।
जो बीते हुए पलों का,
एहसास धुंधला गया है,
उसे फिर से मेरे दिल की,
गहराई में बसा दे।

❧❧❧

कोई फिर से वो ख्वाब सजा दे,
जो टूट कर बिखर गया है,
उसे जोड़ के दिखा दे।
मुझे फिर से वो,
खुशियों का गीत सुना दे,
मेरे अधूरे अरमानों से मिला दे।

28. चाहना

मुझे चाहत बना कर उसने चाहा इस कदर,
फिर भूल जाने की चाहत में,
मुझे भुलाया इस कदर,
मैं तो भूल ही गई थी खुद को चाहना।

उसने जीने की चाहत जगाई इस कदर,
मैंने भी अपनी दुनिया को दोबारा कुछ सजाया इस कदर,
इस बार खुद को चाहा इस कदर।
पलकों में बसी हर एक ख्वाहिश की चाहत,
मन में बसी हर एक ख्वाब की चाहत।

परियों की दुनिया में खुद को ढूँढते हुए,
खोया हुआ पाया मैंने खुद को जिस कदर।
चाहत की राहों में हार गई मैं,
उसकी तलाश में खुद की चाहतों को मार गई मैं।

फिर आया सच्ची चाहत का इकरार,
खुद से किया प्यार का इज़हार।

29. पहरों

दिल पर लगाए पहरों का क्या करोगे,
सोच कर दुनिया भर की बातें।
अपने अंदर बह रही लहरों का क्या करोगे,
आ जाएगी सुनामी दिल के समंदर में।

जब तुम अकेले में खुद से मिला करोगे,
तब जानोगे दिल की उस भावना को।
जो हर बार दबा दी जाती है,
दुनिया की नजरों में अपनी,
काबिलियत नहीं दिखा पाती है।

दिल की आवाज़ को कब तक चुप कराओगे,
हर बार खुद से कहाँ तक भागते जाओगे।
जो कभी डर के छुपी थी,
अब लहरों की तरह खुलकर बाहर आती है।

कभी वक्त को मत बाँधो बेड़ियों में,
सपनों को आज़ाद करो अपनी हथेलियों से।

30. हुनर-ए-तोहफा

"हुनर-ए-तोहफा" दिखाया ही नहीं,
कितने हैं काबिल हम,
ये लोगों के सामने आया ही नहीं।

सोचा बस यही कि,
क्या कहेंगे लोग,
यही सोचकर हमने,
खुद को आजमाया ही नहीं।

"काम-ए-जिंदगी" की राह पर चलने लगे,
उसके बाद "हुनर-ए-तोहफा"
कभी फिर नजर आया ही नहीं।

जो दिल में छुपा था,
वो बाहर कभी लायी ही नहीं,
अपने ही ख्वाबों को हकीकत से मिलाया ही नहीं।

31. तुम, मेरी यादों की बूंदें

तुम, बारिश की बूंदों से,
बरसते हो यादों में मेरी,
तुम हो जैसे कोई,
यादों की बहती सी नदी।
हर बूंद में बसी है,
तुम्हारी तस्वीर,
जैसे बहते हुए पानी में,
खोई हो कोई लकीर।

जब भीगती हैं ये यादें,
तुम्हारी खुशबू से महकती हैं ये राहें।
तुम्हारे बिना ये,
मौसम अधूरा सा लगता है,
हर बूंद में छुपा है तुम्हारा एहसास,
जो मुझे तुमसे फिर से,
मिलाने का करता है प्रयास।

सावन की इस हल्की बारिश में,
तुम्हारी हंसी की गूंज सी सुनाई देती है,
जैसे हर कतरा, हर बूँद में,
तुम्हारी मौजूदगी का,
एहसास घुला हो कहीं।
इन ठंडी हवाओं में,
तुम्हारी गर्माहट की कमी खलती है,
मैं फिर से तुम्हें पाने की उम्मीद में,
खुद को उन यादों में उलझा लेती हूँ।

बारिश की हर बूँद जैसे,
एक नया सपना लाती है,
तुम्हारे साथ बिताए पलों का,
जो अब भी मेरे दिल के,
किसी कोने में जिंदा है,
मुझे हर बार तुमसे,
जोड़ने की कोशिश करता है।

32. प्रेम रंग

मेरा सुंदर चित्र बनाकर,
तुम उसमें रंग भर दो।
मेरी जिंदगी में आकर,
तुम उसमें रंग भर दो।

भर दो रंग, जो हो तुम्हें पसंद,
मेरे साथ सुंदर यादें सजाकर,
तुम उसमें रंग भर दो।

सपनों के सूने कैनवास पर,
तुम अपनी मुस्कान से,
रंगों की बौछार कर दो।
मेरी खुशियों के हर कोने में,
तुम अपनी मौजूदगी से उजाले भर दो।

तुम्हारे रंगों से सज जाए मेरा हर दिन,
हर पल हो जैसे कोई नई सहर।
मेरा अधूरा चित्र हो जाए पूरा,
जब तुम आकर उसमें अपने रंग भर दो।

❧❧❧

जिंदगी की खाली किताब में,
तुम अपने प्यार के
रंगीन पन्ने जोड़ दो।
मेरा सफर बन जाए खुशनुमा,
जब तुम उसमें अपने
सपनों के रंग भर दो।

❧❧❧

प्रेम के पलों को सजाकर,
खुशियों के रंग भर दो।
धूप-छांव के मौसम में,
मेरे जीवन को चाँदनी से सजाकर,
तुम उसमें रंग भर दो।

33. देर

दिल से मिला है दिल, रूह से मिली है रूह,
गिला है बस यही, बहुत देर से मिला है तू।

चाहना भी है तुम्हें, पर चाहना भी नहीं,
फिर से ये दिल लगाना भी नहीं।

अब तो वक़्त ने सिखा दिया है,
कि कभी-कभी बिछड़ना ही सही है।

तुमसे मिलकर हुआ है कुछ ख़ास,
पर अब ये एहसास खुद को याद दिलाना भी नहीं।

क्योंकि गिला है बस यही, बहुत देर से मिला है तू,
दिल से मिला है दिल, रूह से मिली है रूह।

34. मलाल-ए-ज़िंदगी

"मलाल-ए-ज़िंदगी" हुआ करता था जवानी में,
ये "सवाल-ए-ज़िंदगी" रहा आखिर में।
जब भी मिलते थे हम सफर में,
अधूरे रह जाते थे सपने रातों में।

"दिल-ए-गुलज़ार" हुआ करता था जवानी में,
ये "सवाल-ए-कहानी" बना आखिर में।
अब आते नहीं सपने सोकर भी दिन के उजाले में,
कट रही है जिंदगी, जाग कर आधी रातों में।

"हक-ए-जिंदगी" हुआ करता था जवानी में,
ये "समझौता-ए-ज़िंदगी" बना आखिर में।
सितम ढाते रहे लोग दिन के उजाले में,
रोकर कटती रही जिंदगी रातों में।

"दुल्हन-ए-विदाई" हुई थी जवानी में,
ये "अलविदा-ए-ज़िंदगी" बना आखिर में।
घर से रुखसत हुई थी हँस कर जवानी में,
हसना दुस्वार हुआ आखिर तक ज़िंदगानी में।

35. रंग

अभी तो आई रंग में हूँ,
अभी तो रूप निखरेगा।
अभी तो जाना धूप में,
तभी तो चेहरा चमकेगा।

चेहरा चमकेगा,
तभी तो दुनिया जानेगी,
दुनिया जानेगी,
तभी तो नाम पहचानेगी।

मेरी मंजिलों को अभी तक नहीं थी खबर,
वे रास्ते अब भी अधूरे हैं,
जिन पर मैं अपने सपनों के रंग बिखेरूँगी।

36. हालात

दिल, ख्याल, बातों में जो आने लगे हो,
तुम मेरी यादों में भी आने लगे हो।
सवाल मत पूछा करो,
मुझपर कोई जवाब नहीं है,
बस इतना समझ लो,
मेरे हालात नहीं हैं।

तेरी बातों का जादू है ये,
हर लम्हा, हर ख्वाब,
हर रात खास सी लगती है।
तेरे साथ हर लम्हा पूरा सा लगता है,
बिना तेरे, जीना अधूरा सा लगता है।
इस बेचैनी का कोई इलाज नहीं,
क्या इस तबाही का कोई जवाब नहीं है?

37. घर

दिन भर उड़ती रही आसमान में,
रात हुई तो घर की याद आई।

खुशियों के पल तो मिल गए आसमान में,
लेकिन चैन की नींद घर पर ही आई।

दिन भर चेहरे देखे हजार,
रात में पिता का चेहरा देख,
सुकून की मुस्कुराहट आई।

लम्हा लम्हा निकली रात,
सुबह हुई तो फिर उड़ान की बारी आई।

38. अधूरा

आसमान में तारों का मेला है,
फिर भी चाँद अकेला है।
ज़मीन पर बैठकर ताकती हूँ,
कभी आधा, तो कभी पूरा है।
जैसा उसका भी इश्क़ अधूरा है।

चाँद पर भी दाग लगे हैं,
मेरी ज़िंदगी में कौन सा सुंदर सवेरा है?
रूप रंग की बातें हैं,
सूरज तो चमकता है ज्यादा,
फिर भी तारों ने चाँद को घेरा है।

39. मेट्रो

मेट्रो सी रफ़्तार है ज़िन्दगी की,
लोग सफर करते जा रहे हैं।

कोई मंज़िल पर पहुंच कर भी खुश नहीं,
किसी को सफर में ही मज़ा आ रहा है,
किसी की जिंदगी के ख़ास पल उससे दूर जा रहे हैं।

राहों में मिले दोस्त और रिश्तेदार,
जैसे हर कोई है अपना ही साथी।

मेट्रो की भीड़ में भी एक अजीब सा सुकून है,
जैसे कहानियों का सिलसिला है जारी।

हर कदम पर नए रंग हैं,
जैसे कोई नया सफर है जारी।

करुण कुंडलीवाल

मेट्रो सी रफ़्तार है ज़िन्दगी की,
लोग सफर करते जा रहे हैं।

मेट्रो सी रफ़्तार है ज़िन्दगी की,
लोग सफर करते जा रहे हैं।

40. यात्रा

चाहतों के बाजार में, बिना पैसों के आ गई,
सब कुछ बिक रहा था वहाँ,
मैं फिर भी खाली हाथ घर को आ गई।

पसीने की बूंदें फिसलती थीं माथे से,
पर दिल की आवाज़ ने कहा,
ये सब नहीं हैं तेरे हाथों में।

चाहतों की भीड़ में हमने क्या खोया,
तब सच्ची राहत और सुकून का एहसास हुआ।

धूप में बर्फ का सफ़र था ये,
जहाँ हमें हर दिन पिघलना था।

दोस्ती, समझदारी, और प्यार की ही बातें थीं,
दौलत, शोहरत, रुतबे के लिए,
हर किसी ने क्या-क्या नहीं खोया।

41. पहचानो

खुदको पाने की चाहत रखती हूँ,
दूसरों से रास्ते पूछा करती हूँ।

खुदको समझने की चाहत रखती हूँ,
दूसरों से उम्मीद करती हूँ।

खुदसे प्यार करने की चाहत रखती हूँ,
दूसरों पर मरती हूँ।

खुदसे जीतने की चाहत रखती हूँ,
दूसरों से हारने की उम्मीद करती हूँ।

पर मैं जानती हूँ, खुदको पाने का रास्ता,
बस मैं खुद से ही डरती हूँ।

42. छल

हाथ में कलम, दिल में खून की मंशा,
रच दी रामायण, जला दी लंका।

आज के इस कलयुग में,
जिनको कहते सुना है राम राम,
मैंने भी उन्हें आजमाया है,
उनकी नजरों, मर्यादा में मुझे छल कपट नजर आया है।

राम का नाम सिर्फ जुबां पर नहीं,
दिल में हो, तभी तुम राम कहलाओगे,
वरना इस कलयुग में तुम भी,
बस रावण बनकर रह जाओगे।

हाथ में कलम, दिल में खून की मंशा,
रच दी रामायण, जला दी लंका।